W0380787

Van Pastauers,
Lehrs un anneren Luien . . .

Hedwig Jungblut-Bergenthal

H·G Bergenthal

Van Pastauers, Lehrs un anneren Luien ...

Impressum

Herausgeber: Schiefermuseum Holthausen

© Copyright 1985 by Jos. Grobbel, Fredeburg

4. geänderte Auflage

Nachdruck, auch auszugsweise, nur mit Genehmigung des Herausgebers

Zeichnungen u. Titel: H.-G. Bergenthal

Gesamtherstellung: Grobbel-Druck, Fredeburg

ISBN 3-922659-42-X

Kuier platt, lot dik nit stuiern, dör anderer Luie Kuiern!

rief schon 1924 Franz Hoffmeister, Begründer des Sauerländer Heimatbundes, seinen Landsleuten zu.

Jedoch gibt es heut kaum noch ein heranwachsendes Kind, das sauerländisch Platt sprechen kann.
Fast im gleichen Maße sind die Stimmen verstummt, die sich in plattdeutschen Gedichten, Anekdoten und Erzählungen mit dem sauerländer Leben auseinandersetzen.

Nicht ganz im Verborgenen, aber doch einem größeren Kreis von Heimatfreunden kaum zugänglich ist das Schaffen von Hedwig Jungblut-Bergenthal. Geboren am 1. Dezember 1914 in Schmallenberg war sie nach eigenen Aussagen „schon von Kind an dem Plattdeutschen“ sehr zugetan. Ihre dichterischen Anfänge hatte sie bei örtlichen Veranstaltungen, wo sie mit kleinen Versen, die von guter Beobachtungsgabe, Mutterwitz und hervorragendem Einfühlungsvermögen zeugten, viel Freude bereitete.

Seither hat sie auf unzähligen Veranstaltungen unsere sauerländische Mundart zum Klingen gebracht, die wie kaum eine andere geeignet ist, auch derbe Aussagen „umweltfreundlich“ in den Raum zu stellen.

Dieses Bändchen, im Jahr des 150. Geburtsjahres von F.W. Grimme herausgebracht, ist ein Versuch.

Hedwig Jungblut-Bergenthal, die auch Mitglied der „Niederdeutschen Sproakstie“ ist und dem „Schrieverkring“ in Münster angehört, gibt sich in dieser Sammlung durchweg heiter. Das wird jedoch der Breite ihres mundartlichen Schreibens nicht gerecht. Wir hoffen und wünschen, nicht zuletzt unserem „Plattdeutsch“ zuliebe, daß diesem Bändchen recht bald ein zweites folgen wird und danken den vielen Freunden, die diese Ausgabe mit Rat und Tat unterstützt haben.

R. Belke-Grobe

Holthausen, im November 1977

pitze Tungen

Hiäs döü mol fär guett befungen
is düt un dät dey mol gelungen
un hiästet würklech ganz quett moint
un vlichte „danke“ äuk verdoint,
dann meldet iärg dai spitzen Tungen
un hät nix Guerres drane fungen,
hät düt un dat mens öüttesetten,
de Tunge scharp am Tahn te wetten
un hört met Sticheln gar nit op,
latt kenn guett Hoor op deynem Kopp.

Döü staihs do schließlech lieg un blank.
Jä, wat? Döü hoaperes op Dank? -
Verwundet bit op't Hiärteblaut.
tebrak deyn Wille, brak de Maut.
Gewiß, döü hiäs et recht guett moint,
hiäs nix un gar nix dran verdoint.
Döü dehs et mens der Sake wiägen,
an süß wor gar nix dey geliägen. -
Jä, doiste wat, dann is et schlecht,
doch doiste nix, is äuk nit recht.
Döü kanns dick dräggen, as de weß,
im Rüggen gaihert: heß, heß, heß!
Se stichelt, nörgelt vuller Lust,
härn düt un dätte biäter wußt.
Doch päcket me se mol drop aan
un foihlt ne op diän boisen Tahn
un siet, se söllen doch dai Saken
nit biäter wieten mens - nai maken,
dann maket eylegens se kahrt.
Hiärs döü dey doch de Woarde spart!
Se spüetert widder Gift un Häohn. -
Jä, Undank is der Welten Läohn.

Un nöü well vey schmunzeln . . .

De Suerlandroise va sällegen Drütchen

Et sällige Drütchen - all Johre im Hiemel -
kraig ennes Dages en Roisefiemel.
Et harr kenne Rugge loten,
de Neysgier plogre't üver de Moten.
„Ick wüßte doch allte geerne, meyn Hiär,
böüt nöü do ungen terhaimen wör.“
St. Peiter saggte: „Hiärgoatt, giev no,
süß staihert moaren als wier do“. -
Sä schickern se't Drütchen dann dorin
un packern me'n kitzken Manna in. -
Et Drütchen kam oppem Wilzmerg an,
geng drümme rümme un staunere wahn.
Oh, Hiärgoatt, bo sin ick hienegrohn?
Ich häve mick gewiß in der Giegend verdohn.

Wat is do ungen färn Gewiemel.
Wör ick mens glücklech wier imme Himmel!
De Welt is jo ganz anders woren
seyt ick verstoarven vär viellen Johren.
Dai blanken Huiser, dai breien Stroten!
Bo hätt se dai allen Kiffen mens loten!
Me kann kenn Döarpken wier erkennen.
Üever de Stroten do maste rennen.
Autos söüset do hiene un her,
me kümmet met knapper Näout derdär.
Nai, wat en Spektakel, wat en Gesöüse,
sägar in der Luft en Motorengebröüse!
Tefaute gaiht balle kenner mehr.
Denk ick an frögger . . . döü loive Hiär!
Wat häv vey us rackert am Biärge ropp
met der Schöübekaar, en paar Blagen drop.
Gemoise halen un Töüfeln vam Felle.
Un wat was me knapp met em loiven Gelle!
Me bait - wann müeglek - ne Pänning diär,
un düen Dag, do gelt doch ne Mark all nix mehr!
Wat wert met em Gelle rümmeschmieten.
Un kenner hätt en schlecht Gewieten.
Se liävet drop läß in Söüs un Bröüs.
Ick kuckere mol in mannech Höüs.
Wat do alles was, häv vey niemols kannt.
Me moint, me wör im Schlaraffenland!
Do gieret te iäten, do gieret te drinken,
et Beste vam Besten -
un nit mens Schinken!
Färt Koaken, Wasken, Näggen un Flicken,
bröüker me mens oppen Knoipken
te drücken.
De Feldarbet wert met Mascheynen dohn.
Ick häve met oapenem Möüle do stohn.
Mey woart ganz unheimlek derbey.
Dat was jo de roinste Häxerey!
Of dat use Hiärgoatt wall alles wait?
Ick sieg me op alle Fälle Bescheid,
vertell me van Huisern un
niggen Geschäften
in diänen et wahne Schaufinsters
gäften.

Un dann düese Mäoude:
Büxen statt Kleier!
Me mat sick jo schiämen fär sän Daier.
Äuk de Jungens unweys vergammelt,
met Horen, dai ümmen Kopp
rümme bammelt.
Me mäket Roisen, me foihert int Bad.
Sä guett häv vey't imme Liäben nit hat. -
Un trotzdiäm hor ick manche Klagen
vannen Ellern, vannen Blagen,
un ick dachte sä fär mick:
Hätt se äk viell mehr ase ick
domols harr in all diän Johren,
tefriäener sind se äk nit woren! -
Adjüß, loive Luie, ick mat nöü wier futt.
Vielle Gruiße vam Hiärgoatt!
Makeret guett,
un vergiätet us nit. Ick helpe ug biän,
dat ey alle gesund blit un allteydt tefriän.

Schützenfäst

Et Trümmelken gaiht!
Fix, Miäksken int Kleid,
in't nigge, met'n Spitzen!
Se gatt all, de Schützen.

Gedidel, Gedummel
beym Schützenfäst-Rummel.
Geschroi un Gegaukel
in Schiepp un op Schaukel.

Juchei, et gaiht rund!
Un de Welt dai is bunt. -
Billege Jakob met Spitzen -
fär ne Grosken Lakritzen

un en Härtken fär't Daier,
Präoust, Willem! Waret schmecket, et Baier!
West'en Vugel nit schoiten
un Schützenküening hoiten? -

Gedidel, Gedummel,
Figeleyne un Trummel.
Droi Dage sind frey,
dann iset Fäst wier verbey.

De Schützenfäst-Brohn

Bey Mäckeln gafftet Schützenfäst-Mondag löüter ne gräuten, saftegen Schweynebrohn. Äk düt Joahr. Hüttemanns Bettken, de Nägeske, sat in de Kücke un wor amme Süggeln. Oaben oppem Gebuie woarn de Musikers amme Üben. Af un tau kam enner van diän Mäckeln Süehnen rin un geng annen Herd, haffte diän Diekel vam Fleispotte op un schneid eismol en Stücke vam Brohn af. Ase Mäckeln Mömme ginternoh in diän Pott kuckere, sagte se fär't Bettken: „Ick wait nit, et Fleisk koaket aver äk wahne beynain".

Schützenfäst-Foiber

Lebers Reinhold was nom Frähschoppen amme Schützenfäst-Mondag haimekummen, harr sick footens op et Sofa lagt und was inschlopen. Hanna, seyne Frugge dachte: Läß ne schlopen un kuckes dey gleyk diän Schützenzug ümme de Staadt an. Alsä geng Hanna de Strote rop. Ümmeteydt wor de Leber wach, Nä ganz dusseleg imme Koppe, kuckere op de Uhr un sprang op. Oh, de Frugge was all futt. Nöü aver fix amme Schingergraben rop, hingerm Hanna her. Do kam me de Noberske in de Moite, kuckere, lachere un frogere: „Isset dey sä waarme, Reinhold?“ - „Jo, ziemlich“, saggte doi, „aver böüsä moinste dat?“ - „Weyl de oppen Söcken ungerwiägens bis“, lachere de Noberske. „Wann de imme Zelte danzen weß, tüste dey biäter eis en paar Schauh an, süß hätt se dey de Täiwen balle aftriän“.

Böü de Schmallmesken Schützen tau Hofheerens kamen.

Ei, wat is dat en Vergnoigen,
suiht me Schützenfäst diän Roigen
netter Heerns un schoiner Damen,
dai wier innen Hofstaat kamen. -
Wiet ey, dat in fröggern Johren
Miäkens mens im Hofstaat woren?
Na, dat was'en gräout Plasaier'
un ne Ehre fär sän Daier,
wann't geputzet un geklöckelt,
stramm geschnoiert un gestöckelt,
stolz konn met en Schützen toihn.
Würklech, dat was einzeg schoin!
Aver leider was beym Balle
dat Plasaier meistens alle.
Denn dann saten do de Damen,
dai alle innen Hofstaat kamen,
un de Dänzers, dat is wohr,
machten iärg ganz wahne ror.
Un de Damen saten, saten,
ase einst in Kemenaten,
wachtend, woi do kummen söll
un se endlech halen wöll.
De Hauptmann - domols Stübben Franz -
dai vertweyvelere ganz,
un hoi roip un kummedaiere
seyne Offiziers, dai vaiere:
„Meyne Heerns, in Goarres Namen,
danzet met diän Küningsdamen!"
Un dai armen vaier Heerens
schwerren balle ase Bärens.
Ümmer rund un ümmer rund,
se kämen langsam oppen Hund.
Dai eine fäng all an te wanken,
dai andern hor me japsen, anken,
De Leste aver sagte: „Amen!
Ick stiärve fär de Künningsdamen!"
As me dai Bescherung soh,
roip dat ganze Volk: Marjoh!
Nai, wat teviell is, is teviell!
De Musik ungerbak dat Spiell,
un alles kräggere dörnain:
Hey mat würklech wat geschoihn.
Gint Johr sall et Hofheerns gieven!
Jä, un dobey iset blieven.

De *Strotenmelkerey*

Waldfäst was vam SGV,
do stong diäm Mappi seyne Kauh
an Kämpers Dänne, ganz verloarn.
De Mappi drank beym Waiert Koarn.
Gedülleg stong dat Voihdier do,
un Rähen Hermen, dai dat soh,
konn sick unweys amesaiern:
„Nai, säwat kann mens hey passaiern!“
Äk Püttmanns Alban lachere wahn
un soh sick Mappis Bunte an.

Künneganz Hedwig,
dat kam grad
taum Milekhalen üevern Paad.
Do roip de Alban: „Dunnerwiär,
Hedwig, dau de Kanne her!
Wat weste eis de Milek halen,
hey bröükeste se nit betahlen.
Ick melke eismol Mappis Kauh.
Hermen, spring ter Hülpe tau!“
De Alban toag mehr schlecht as echt.
Der Bunten was dat gar nit recht.
Se gaffte mens ne dünnen Strohl.
Do kam de Waiert: „Lot mick mol!
Döü kanns domet nit ümmegohn,
vam Melken mat me wat verstohn!
Hermen, kanns am Sterte pumpen!“
Do loit dat Voihdier sick nit lumpen.
De Milck strullere mens doher,
un Alban roip: „Kerl, Ömmers her,
süß kumme vey wahn in de Klemme.
Et giet de roinste Milekschwemme!“
De Kanne was all längest vull,
un löüter strull'ret nä as dull.
De Strohlen spritzern op de Stroten.
Bo soll me mens dat Tuiges loten? -
De Kauh, dai kägglere dann un wann,
as geng dat Ganze soi nix an.
Hermen schliepre Gliäser her.
Et gaffte all kenn Baier mehr.
Bey Kämpers soh me an diän Disken
mens nä Milekmuiler wisken.
Alles kräggere vär Plasaier
mens de Mappi drank sin Baier
un frogere: „Jä, Dunnerwiär,
bo kümmet mens de Milk all her?“
De Kauh, dai schlackere met en Ohren.
Et was all spät am Ovend woren
Tefriän kägglere se bläß:
„Goatt dank, ick sin de Milek läs!“

Tierschaufäst

Imme Hoave en Spektakel,
Dubbenaiern un Gekakel
an diäm Troage, oppem Nest:
Düen Dag häve Tierschaufäst!
Alles staiht do feyn geschniegelt,
glaat un blitzeblank gestriegelt.
Jeder hoapet still fär sick:
bestprämaiert were ick!
Suih mens, wat de Gockel krägget
un sick batzeg rümmedrägget:
Hoaves Küening is de Hahn,
drümme stoh ick oabenan.
„Ick gewinne“, roipert Füllen
tüsker Kauh- un Ossenbrüllen.
Un de Hitte bliärt: „Meck, meck,
ey seyd alltemole geck.“
Äntken wackelt no diäm Hauhne:
„Maket ug doch nix te daune.“
Gick, gack, gack, vey kriett diän Kranz,
schniättert do de fette Gans.
Bläout de Suge is am Grunzen,
woihlt im Schiett un hört dat Strunzen.
Iähr Beniähmen was nit feyn,
doch se is un blit en Schweyn. -
As am Nummedage all
trügge kämen in diän Stall,
was as einzege im Zuge
schwoar bekränzet use Suge.

Signore

Franz-Anton woar met no Räom pilgert, un hoi dachte sich: „Tau ner rechten Pilgerfahrt hört äuk ne richtige Bichte." Hoi woar säwiesä all lange fälleg. Alsä, amme Nummedage rin in diän Bichtestauhl. Et was ne duitsken Poter, dai Bichte sat. Franz-Anton fäng dann äk footens an, un as de Poter hor: „Signore," ungerbrak hoi diän Franz-Anton un saggte fröndlek: „Lassen Sie ruhig das Signore fort und fangen Sie sogleich mit dem Bekenntnis an". „Ja, dat woll ick jo äuk. Ick woll doch mens siegen: Sin Johre all nit mehr ter Bichte wiäst" . . .

Sä kann me sick verdaun

De junge Vikarges harr Bichte siäten. Et woar nä hell böuten as hoi öüt der Kiärke kam, un hoi dachte; „Mäkes eismol ne kloinen Spazaiergang amme Wormesken Biärge ropp. De friske Luft wert dey guett daun."
Alsä spazaiere hoi dör de häougen Fichten un dachte an de Priärge fär en Sundag.
De Winkelmann, dai in Schmallmerg bichtet harr, nahm iäbenfalls en Haimewiäg üvern Wormsken Biärg. Hoi kannte diän Vikarges nit un dachte, et wör irgend sä ne jungen Bursken.
„Na, Junge," frogere im Verbeygohn, „iset Miäken nä nit kummen?" „Nein, nein", saggte de Vikarges en wenneg verliägen, „ich warte auf kein Mädchen. Ich bin der Vikar von Schmallenberg". „Nee, Männeken", lachere Winkelmann, „dat kannste mey nöü doch nit vertellen. Beym Vikarges häv ick nämlech grade bichtet".

Gerechtegkoit

De Käoupmann Thedor was stoarven, un de Nobers saten beynain no de Begriäfnisse. Et wor kuiert düt un dät un dat de Thedor verstohn härr, en Luien et Geld af te luchsen.
„Na ja", saggte Mertens Oihme, „me sall de Däouen ruggen loten. Nöü isse jo äk all imme Hiemel ankummen".
„Wat," roip de Mappi ganz harre, „dai? Imme Hiemel ankummen? Dai mat eis mol brohn!"

De Püttmann harr Geburtsdag: 60 Johr. De Vikarges was äk do. As de Pastauer rin kam, stong de Vikarges op un machte sick futt. Saggte Püttmanns Ludi: „Et is doch löüter datselbe: Wann de Mester opkruizet, verdrücket iärg de Stifte!"

Glücke hat

Lüntgens Agnes stong beym „Tick-tack" (Uhrmiäker) op der Strote. Do kam Künneganz Hedwig verbey un frogere: „Agnes, weste met in de Staadt? - „Jo, saggtet Agnes, „aver ick kann nit sä fix läoupen, ick sin gistern stöatet." - „Bo hiästet dann", frogere de Tick-tack. „Hiästet innen Beinen"?
„Nai", saggtet Agnes, „ick hävet mehr imme Rüggen". - „Oh, dann hiäste Glücke hat", moinere Tick-tack. „Wann use Fiärken et innen Beinen hätt, move se meistens schlachten".

Foihern ödder gohn?

Sally kam öüt der Waiertskopp. Et was all spät, un hoi harr ganz nette „latt". Trotzdiäm sturgelere op seyn Auto tau. Do kam de Polezist, de „Freund und Helfer" ümme de Ecke, soh en Sally un roip footens: „Sally, döü weß doch wall in düesem Taustand nit mehr haimefoihern?"
„Jä, moinste dann, ick könn in düesem Taustand nä haime gohn", saggte Sally.

Inbildunge

Beym Lehr Bornemann woarn se amme Tapezaiern. Maria, seyne Frugge, halp düchteg dobey. „Emil", sagget färn Lehr, „ick häve ne Broen oppem Herd. Dau Fett dran un suih tau, dätte nit anbrient". Emil deh örntlech Fett dran, un as et Maria no ner Weyle rinkam un innen Pott kuckere, saggtet: „Dat schuimet jo sä merkwürdeg in diäm Potte. Wat hiäste do färn Fett bey dohn?" - „Hey, öüt düem Pöttken", saggte de Lehr.
„Ümme Hiemelswillen", roip et Maria, „dat is doch Schmiärseipe. Nöü mar ick redden, wat nä te redden is! Fleisk

öüt em Pott, afgewasken, Åsseg dran un en paar Roseynen. Dat mat jetz ne Suerbrohn giewen".
Amme Middage kam de Suhn taum läten, un et schmeckere me ganz wahn. „Mama" saggt hoi, „so ne schönen Sauerbraten hab ich schon lange nicht mehr gegessen."
Do kann me mol soihn, wat de Inbildunge doit.

De Geld-Indreywer

D'hams Ewald, Dentist in Schmallmereg, sat met Steckers Albert bey Schulte-Fröhling in der Waiertsstoabe. „Ick möchte unbedingt Geld häbben", saggte de Ewald. - „Ick äk", saggte de Albert. „Weißte wat", moinere Ewald", ich häve nä säviell innen Bäukern stohn. Goh mol üever Land un hal mey't Geld beynain. Riäknungen giev ick dey met". - „Ick wüßte nit, wat ick loiber deh", saggte de Stecker um machte sick oppen Wiäg.
No Dagen sat de D'ham wier bey Fröhlinges, ase de Zens rin kam. „Hiäste diän Steckers Albert nirgendbo soihn", frogere Ewald. „Jo, dai sittet beym Habbel in der Waiertsstoabe un giet eine Runde no de andern". - „Oh waih", roip Ewald und sprang op, „meyne Riäknungen! Nöü wert dai Keerl wall et ganze Geld versoapen häven".

Johrestien

In der Schaule harren se ne niggen jungen Lehr kriegen. Fräulein Schulte, dai alle Lehrin, harr sick ter Rugge satt. „Wir wollen heute mal über die 4 Jahreszeiten sprechen", saggte de Lehr", und wollen mit dem menschlichen Leben Vergleiche ziehn. Fangen wir mal bei euch an. Ihr seid noch jung und frisch. Was meint ihr, in welcher Jahreszeit steht ihr wohl?"

Änne wußtet: „Im Frühling, Herr Lehr." - „Ja, das hast du richtig gesagt. Und nun seht mich, euren neuen Lehrer einmal an. In welcher Jahreszeit stehe ich wohl. Ich bin ja nun schon ein gutes Stück älter als ihr".

„Im Sommer, Herr Lehr". Karlchen wußtet äk richtig. „Und nun, gehen wir einmal weiter", sagte de Lehr. „Wir stellen uns jetzt mal Fräulein Schulte, eure frühere Lehrerin vor. Was denkt ihr? In welcher Jahreszeit steht Fräulein Schulte wohl?"

De Blagen schwiegen. - „Na", ermunterte de Lehr, „überlegt mal, Fräulein Schulte ist schon pensioniert, also schon wieder etliche Jahre älter als ich. In welcher Jahreszeit steht sie? Mariechen, du weißt es?" - „Im Altweibersommer, Herr Lehr".

Wallfahrt no Wiärl

„Frugge", saggte de Sally öüt der Hummeske, „de Männer maket ne Wallfahrt no Wiärl. Do well ick geerne met hiene foihern, amme Duennersdage".
„Jo, do häv ick nix giegen, do foiher mens met. Noideg gnaug doiert dey säwiesä. Aver, dat döü mey äk bichtes un nit in de nächste Kneipe gaihs".
„Menske, wat denkeste dann van mey. Wallfoahren un nit bichten! Säwat"
Na, de Duennersdag kam, un Sally machte de Wallfahrt met. Ase hoi haimekam, frogere de Frugge footens: „Na, böü was et?"
„Oh, prächteg, Frugge! Düt hätt mey würklech guett gefallen. Gint Joahr foihere ick wier met".
„Hiäste dann äk bichtet?" frogere de Frugge.
„Bichtet! Jä, dat is doch selvsverständlech".
„Bey wielkem Poter woarste dann?"
Sally krassere sick amme Koppe: „Bey wielkem Poter? Dat kann ick doch nit wieten".
„Sieker kannste dat wieten, dat staiht doch an jedem Bichtestauhl".
„Ach sä, jau. Jo, jetz fällert mey in: Ick woar beym Poter Abwesend!"

Schmies Anton was met em Rah (Rad) no Wiärl foihert. Hoi harr ne Sack metnoamen un dachte: „Vlichte kannste dat Nützleke met diäm Guerren verbingen. Kuckers dick mol no Plöümen ümme un dann kannste wallfoahren".
Na, hoi kam dann ungerwiägens amme Hoave met störegen Plöümenbäumen verbey. Hoi foihere nä en kitzken widder, stalltet Raad annen Töün, kuckere, off kenn Buer ödder ne Hund in der Nöchte was un fänk an te plücken. Hoi harr Glücke. In Rugge konne diän Sack vull maken, packere ne oppet Raad, un dann aff no der Muttergoarres no Wiärl.
In Wiärl ankummen, stallte hoi seyne Fracht guett wiäg, geng in de Kiärke un dachte: „Hey kannste foot deyne Sündenschuld beym Poter im Bichtestauhle afflahn".
Andächtig machte hoi't Kruiztaiken un vertallte dann em Poter unger anderm äk dai Sake met diän Plöümen, un wachtere op et „Ego te absolve".
Aber sä einfach woar dat garnit. De Poter saggte: „Ich kann Ihnen nur die Lossprechung erteilen, wenn Sie das Diebesgut wieder dahin tragen oder es ersetzen".
De Anton kraig ne räounen Kopp un machte eismol, dat hoi öüt diäm Bichtestauhle röüt kam.
Vär der Kiärke drap hoi später Schüetlers Jupp, dai äk bichtet harr. Diäm vertallte de Anton dann seyn Mißgeschicke.
„Jä, aver ick häve dick doch an der Kummiänbank soihn", saggte de Jupp, hiäste dann ohne Lässpriäkunge kummezaiert?"
„Nee, lachere de Anton", ich häve fix bey me anderen Poter bichtet". „Un? hiät dai dann de Avselutiän ohne widders gafft?"
„Och, waißte", saggte Anton, „diäm häv ick eis garnix van diän Plöümen vertallt".

Viärsoarge

Et Kathreyn mochte wiägen Grundstücksgeschichten nom Katasteramte, no Friävereg. Ase alles riegelt was, saggte de Beamte: „Und nun müssen Sie hier unten unterschreiben“.
Et Kathreyn kromere in der Taske rümme, ümme de Brille te soiken, do fäll wat klirrend oppen Büen.
„Oh“, saggte de Beamte, „hoffentlich ist Ihnen Ihre Brille nicht zerbrochen“.
„Nee, nee“, wenkere Kathreyn af, „dat is mens et Gebiete van meynem Allen. Dat niähme ick löüter met, wann ick verroise, süß frietete mey de ganzen Schlackerwürste op“.

„De alle Handierk van Biärge is äk nä nit begraven“, saggte de Oihme oppem Hoave. „Brümme dat dann nit?“, frogere de Burenfrugge. „Hoi is nit stoarven“, saggte de Oihme.

Tineks Cleimens was bey'n Zaldoten. Et Maria woar ganz stolt op ne. Jeden Ovend, eger et inschloip, biäe iät en Räsenkranz un no jedem Gesetz: „En Vater unser fär usen Clemens, dat hoi Leutnant wert“.

Lüttich

Et was imme aisten Weltkreyge. De Glocken lurren. Iäbenthenderkes Lina kuckere et Finster röüt.
„Wat is läs, brümme gatt de Glocken?“ roip iät diäm Nober tau. „Is woi stoarven?“ „Böü, hiästet nä nit hort?“ saggte de Nober,
„Lüttich is fallen“. „Oh Herr“, Lina bekruizigere sick, „dai aarme Junge. De Heer giv me de aiwege Rugge“.

Tante Mathilde

Tante Mathilde - se geng op de 60 tau - foihere met em Kingerwagen amme Oberge ropp. Do kam iähr Fehlinges Anna in de Moite un frogere: „Wat hiäste dann do fär'n Blage?“
„Och, vey hätt Besuch kriegen“, saggte Tante Mathilde. „Jä, brümme foiherste dann düesen beschwerleken Biärg ropp? Kanns doch in der Staadt bleyven, do hiästet lichter met diäm Wagen“.
„Wat? Ick met em Kingerwagen in der Staadt rümmefoihern?“ roip et Mathilde. „Kenneste de Luie? Moinste ick wöll int Geröchte kummen!“

Dai twai F

„In usem Aller“, saggte Mathilde fär't Hedwig (se woren ümme de 50 rümme) hätt me mens dai Wahl tüsker twai F: Fett ödder Fallen. Un ne schroe, alle Hitte is nä löüter kenne schlanke Gazelle“.

„Ick verstoh usen Heinrich nit“, saggte de Buer tau seyner Frugge, dat hoi sick öütgeriäknet an Wittemanns Klärchen hänget. Et is doch ne richtege schroe Schringel“.
En paar Dage später stong et Klärchen am Garentöün un saggte fiär diän kloinen Peiter: „Sieg ugem Heinrich, hoi söll mol iäben röüt kummen“, „Heinrich“, roip de kloine Peiter, „döü sast mol iäben röütkummen. Dai Wittemanns schroe Schringel is do!“

Hegernes Mariechen mochte hieroten, un de Mömme brachte sick ratz ümme. „Nöü häv ick et doch löüter sä doane hallen, un nöü doch!

Himmelreichs harren güllene Hochteydt. De Pastauer, de Bürgermester, Antons Mathilde un andere Prominenz wören do. Ase Küneganz Hedwig opstong un haimegohn woll, saggte Mathilde: „Dumme Daier, brümme weste dann all gohn? Nöü kannste mol bey der Prominenz sitten, un nöü krasseste af“.

Zaldot seyn is schwoar

Hiärmen harr seynen Militärdenst rümme un marschaiere op Haime tau. Amme Wiäge stong en Kruize, an diäm Christus met ner Dörenkräoune häng. Hiärmen bleiv stohn, kuckere taum Kruize ropp un söchtere: „Jau, jau, Hiärgoatt, döü häs et jo äk schwoar hat, aver Zaldote biste nit wiäst".

Niggemoidesk Tuig

Fiskemesters Miele was imme Garen amme arben. Do kam de nigge Vikarges des Wiäges. Hoi was nä jung un harr ne greysen Sportanzug aane.
Ase hoi et Miele im Garen hacken soh, roip hoi fröndlek: „Guten Tag, Frau Drenk. Na, so fleißig?"
Et Miele kuckere op, geng eismol annen Garentöün un woll wieten, woi do sä fröndlek gruißere.
Et kannte diän Vikarges nä nit un frogere footens: „Jä, Junge, wiäme gehörste dann? Ick kenne dick jo gar nit".
„Ich bin der neue Vikar".
„Oh, Heer", roip et Miele un kraig ne ganz räouen Kopp. „Nai, nai, de Welt wert alle Dage gecker. Nöü fanget de Geistleken äk all met diäm niggemoidesken Tuig aan! Frögger kannte me se footens amme schwoarten Talar".

Wert-Schätzunge

Hegernes Oma harr sick in der Stadt ne niggen Haut kofft un ne footens opsatt, weyl se ne nit in der Hand schliepen woll.
Ungerwiägens fäng et an te riänen.
De Oma, dai kennen Schirm met harr, schlaug koarterhand iähren langen Rock üverm Koppe beynain un stiebelere de Strote rin. Ne Summergast, dai hinger iähr her geng, bekuckere sick dat Bieleken ne Weyle un tippere Hegernes Oma an: „Gute Frau, entschuldigen Sie, aber man kann bei Ihnen hinten alles sehn".
„Do kann ick mick nit drüever ophallen", saggte Hegernes Mömme, „wat do hingen te soihn is, is all üever 60 Johre alt, aver meynen Haut, diän häv ick mey grade nigge kofft".

Antons Jupp

harr de Schöübekaar bey Frissenmüellers Fränzken leint. No Wiäken frogere Fränzken: „Wann weste mey dai Karr eigentlech mol wierbrengen. Ick mat se bröüken".
„Böüsä wierbrengen", saggte Antons Jupp, „ick häve se mey doch äk halen mocht".

Seelenheil

Eines Dages, et was giegen 6 Uhr nummedages, woll et Miele grade ne nigge Krimiserie amme Fernsoihn anstellen, do geng de Klingel van der Höüsediär. Ärgerlech machte et Miele oapen. Do stongen en paar Luie vannen „Zeugen Jehovas“ böüten.
„Ick häve aver kenne Teydt“, saggtet Miele foot.
Aver dai boiden Damen loiten iärg nit afhallen un fängen an te priägen.
Et Miele stong op haiten Koahlen, kuckere no der Uhr un saggte: „Luie, hallet mick nit op, ick well ümme sässe diän Krimi soihn“.
„Aber, liebe Frau, ist Ihnen Ihr Seelenheil denn nicht wichtiger als ein Krimi?“
„De Krimi fänget punkt sässe an, sagtet Miele, „do marr ick do seyn. Et Seelenheil kümmet später dran“.

Schmidts Mariechen

mochte mol wier en paar nigge Schauh häven.
Na, et geng nom Salamander-Steinan, un do kam dann äk footens sän flott Miäkelken taum Bedoinen.
Et brachte alle müegleken Modelle aan, aver et Mariechen saggte löüter mens: „Pässet nit“.

„Ja, Frau Schmidt, was hatten Sie sich denn so vorgestellt? Wie sollten die Schuhe aussehen?“ frogere dat Miäken.
„Op jeden Fall nit sä spitz“, saggtet Mariechen, „ick mat breie, bequeme Schauh häven, bo ick en ganzen Dag oppen Beinen bin“.
„Aber, liebe Frau Schmidt, die breiten Modelle sind gar nicht mehr modern. In diesem Jahr sind die Schuhe sehr schmal und spitz geworden“, saggte de Verkäuferin.
„Dat well ick wall gloiven, dat dai Schauh spitz woren sind“, moinert Mariechen, „aver meyne Beine dai sind breit blieven“.

„Nai, düt kann nit stemmen“, dachtet Änneken, ase iät in der Moiandacht et Bauk opschlaug. Do harret in der Eyle en „Hinkenden Boten“ schnappet.

Et Lena harr alle Dage üver wat anders te klagen.
„Nai, stöhnere iät beym Froihstücke“, nöü häv ick üver Nacht äk nä Ischias kriegen“.
„Dat wundert mick garnit“, saggtet Süster, „döü woars doch ase Blage all nie tefriän, wann de nit alles kriegen hiärs“.

Toto-Tippen

Kathreyn, dütmol weret glücken,
saggte Franz tau seyner Fruggen,
Trotzdiäm kannst'n Döümen drücken,
denn, woi kann em Glücke truggen?
„Sieker“, saggt' Kathreyn verbieten,

hiäs jo lange gnaug dran siäten.
Anboitholt un Backesplieten
hiäste drüever ganz vergiäten. -“
Amme Sundag sat meyn Fränzken,
kloin un döüs värm Radio.
Kathreyn haar grad Kaffekränzken,
Thres un Leybeth wören do.
„Suihste“, spüetert Kathreyn gifteg,
härren vey dai Mark vertiährt!“
„Wat“, roip Franz, „meyn Tipp was richteg,
mens dai Keerls, dai spiellt verkehrt!“

Naturschutz

In Fleckmerg bey Koahlen saten Insels Alfons un Karls Jupp beym Schöppken beynain un kuckeren et Finster röüt in Richtunge Doarpkapelle. „Nöü kuck doch mol“, sagte Karls Jupp, „wat dai Büske un Planten an der Strote all anwassen sind. Me kann de Kapelle balle nit mehr soihn. Ick gloive, do mat mol örntlech wat afhoggt weren“. - „Wat“, roip Insls Alfons ganz opgebracht, „dat gierret nit, dann wert doch eger de Kapelle eis opstocket!“

Fastelovends-Stimmunge

Kämpers Lisebeth un et Threschen harren all säviell vam Kölner Karnevals-Zug hort, dat se iärg värnahmen, düt Johr Faßlovend äk mol no Köln te foihern. Et was wahne kalt amme Räsenmondage, Lisebeth harr de Hänge imme Muff vergraben. Se stongen an der Strote tüsker all diän Kölsken Gecken, un et Threschen was ganz öüt em Huiseken. Iät roip un wenkere: Alaaf un Helau un harr ne wahnen Spass. Et Lisebeth stong do un dräggere mens de Hänge imme Muff rümme.
„Nöü raup doch äk mol wat un bewieg dick en kitzken“, saggte Thresken. „Wat hiäste üeverhaupt löüter in deynem Muff rümme te fuckeln?“ „Ach, Thresken, saggte et Lisebeth, „ick biäe en Räsenkranz“.

Rechtsschreybung

Fierovend op Kampes Hoave. Mömme un Dochter woren alleine terhaimen. De Mömme las in der Hand-Postille, un de Dochter schreiv annen Bruimer Franz, dai in Breimke bey ner Tante in Densten stong. „Mutter“, frogere Dochter Thresken, „böü wert sack schrieven?“ - „Böü wert Sack schrieven? Meyn Goatt, dat maste doch wieten! Met ck natürlech. Mak nit säviell Fehler, süß lät dick de Franz nä läopen. Lies mol vär, wat häste dann schrieven!“
„Ick häve nix besonderes schrieven, mens: Loive Franz, ick well dick amme Sundag nummedag geerne besoiken. Sa’ck met em Rah kummen ödder loiber met em Zuge?“

Raben un Vösse

De alle Bäckerske was en Menske met schwoarten Hoaren, un de Blagen woren alle drop schlohn.
Dai junge Frugge, dai int Höüs inhierotet harr, was en störeg Daier aver sä ne richtegen „Brandvoss", un dai Blagen woren äk wier op de Mömme schlohn.
Eines Dages kam de Dokter Kieserling am Bäckers Höüse verbey, ase grad droi Blagen öüt der Höüsediär op de Strote sprangen.
„Wat is düt dann", roip de Dokter verwünnert", frögger sprangen hey doch löüter schwoarte Raben öüt em Höüse, un nöü soih ick mens nä Vösse".

Tweyvel

Kathreyn was met em Süster Threschen in Räom oppem Petersplatze. Mensken, Mensken un nämol Mensken! Em Kathreyn bleiv et Möül oapen stohn. Schließlech toag iät et Threschen amme Ärmel: „Threschen, hör mol!" - „Schwieg stille! Gleyk kümmet de hl. Vater!" „Threschen, ick marret dey doch eis siegen." - „Meyn Goatt, halt doch Rugge un Andacht! Wat hiäste dann?" - „Ick häve Tweyvel, Threschen, echte Tweyvel!" - „Wat?" Kathreyn dräggere sick böüs rümme. „Döü bis in Räom, värm Petersdäom un kuiers van Tweyveln? Wat sall dat hoiten? - „Och, Thresken, dat maket dai viellen Luie. Ick sin ganz dörnain. Bo me hienekucket: Luie! Döüsend un averdöüsend! Bröükes jo em Pastäor terhaimen nix te siegen, aver ich gloive einfach nit, dat de Hiärgoatt dai alle kennen kann!"

Kumplemänte

Schauhmiärkers Franca kam eyleg un flott de Strote rin. Et soh nä guett öüt fiär sin Aller. Et was ümmerhin üver fiftig. Do kam me Antons Maria in de Moite. Dat was all üver siebenzeg un äk nä guett trechte.
As et Maria et Franca sä eyleg läoupen soh, saggtet fär't Franca: „Meinee! Ick dachte, wat kümmet do färn jung Daier de Strote rin! Suihs jo öüt ase'n jung Reih!"
„Na", moinere et Franca, „döü bröükes dick aver äk nit te beklagen. Dey suiht me de siebenzeg üeverhaupt nit aan. Häs dick gar nit verändert". „Wat?" roip et Maria, „nit verändert? Dat söll mey leie daun, wann ick met 30 all sä ne alle Schröüte wiäst wör ase met siebenzeg".

Sitten bliwen

Et Lisebetken öüt der Noberskopp geng geerne in de Pastrote un besochte de Höüshällerske, en Süster vam Pastauer. Eines Moarens kam et grade, ase de Höüshällerske amme Beerensmaken wor. Lisebetken kuckere ne Weyle tau un frogere dann: „Tante, woi schlöpet in düeser Kamer?" - „Do schlope ick, Lisebetken". - Un wo schlöpet de Onkel Pastauer?" frogere Lisebetken widder. „De Onkel Pastauer schlöpet do hingen in der Kamer".
„Brümme dat dann", moinere Lisebetken, „use Mamma un Pappa schlopet aver löüter beynain". - „Jo", saggte de Höüshällerske", dat is äk wat anders, uge Mamma un Pappa, dai sin doch bestatt".
„Och, Tante, roip Lisebetken", dann bis döü sitten blieven?"

Vannen Gammlers un Hoiligen

Et was giegen Ovend. Schulten Wilm sat met der Frugge un em Süehneken Stefan beym läten.
„Bo is de Peter dann wier?“ frogere de Vaar. Peter, dat was de Älleste. „Bo sall doi wall seyn“, saggtet Lisebeth, natürlech taum Üben bey der Beat-Band. Ick kreyge nä teviell met düesem Jungen! Me mat sick jo schiämen! Böü doi öütsuiht! Sä lange Lösse un verzammelte Büxenbeine. Ick hävet all an de Galle kriegen van allem Ärger met düesem Gammlerjungen“.

„Nöü rieg dick nit op“, saggte de Wilm, „et giet Schliemeres. Kass jo nix drane ändern. Hoi wert mol wier te Verstande kummen“ - „Aver wann?“ roip Lisebeth opgebracht. „Dann sind meyne Nerven kaputt. Ick häve jo nit sä Bandseile ase döü. - Gistern was ick met diäm Jungen beym Metzger. Ase meyn Fleisk inpackere, so saggte de Mester fär usen Peter: „Na Frollein, was solls denn sein?“ Ick härr mick amme loibesten innen Möüseloak verkroapen, sä häve ick mick schiämet fär diän Jungen. Dat Malchus Threschen vertallte mey düese Dage wat ähnleches van iährem Karlchen.
Do was doch düese Textil-Hampit no Malchus kummen un harr em Threschen ne Ungerrock verkofft. As hoi et Geld inschrappere, harre fär'n Karlchen, dai met seynen langen Gammelhoren beym Kaffe sat, saggt: „Und für Sie, Frollein, hätte ich etwas besonders Schickes, ne Strumpfhose mit Sloggi-plus“.
„Un“, saggte ick fär't Threschen, „hätt de Karl sick nit dätschiämed? Wat saggte dann?“ - „Wat hoi saggte? As doi Keerl röüter was, saggte hoi: „Un jetzt lasse ich mir ne Vollbart stehen!“
Et Threschen woar balle am Greynen, ase't mey dat vertallte. Un ick härr metgreynen konnt. Wann de Karlchen nämlech met me Bart ankümmet, hätt use Peter äk balle ennen.
Ick wait nit, konnt dann de Geistleken gar nit mol op dai Jugend inwirken? Frögger woren us löüter de hl. Namenspatränen ase Beispiel vär Äougen hallen. Döü könns diäm Jungen in düesem Falle doch äk mol wat siegen“.
„Ümme Goarreswillen, nee, nee, mens dat nit, Lisebeth. Nit met diän Namens-

patränen. Waißte, ick häve mey amme Sundage unger der Misse diän St. Peiter in der Kiärke sä bekucket. Dat wör jo schliemm, wann dai Junge sick met en Hooren dono richten wöll. Dai hätt de Hoore jo nä viell länger un ne Bart bit op de Boast hängen. Un üverhaupt, do is dai Sake met diäm Schwerthieb. Dat droffte äk nit värkummen. Üeverlieg mol: Hoi hoggte diäm Malchus en Ohr af! Wann use Junge säwat mol mächte, do wör aver wat läs, dat kann ick dey siegen. Sälange et mens bey diän langen Lössen blit, mo vey nä tefriän seyn. Un nöü marrek innen Stall un et Voih fauern".
Amme Ovend, de kloine Stefan laggte all imme Berre, kam de Peter van de Beat-Band op de Kamer schlieken.
„Brauchs gar nit so zu schleichen", saggte de kloine Stefan. „Ich schlafe noch nit. Un heute abend hab'n se wieder von deinem Gammelkopp gesprochen. De Pappa hat nix mehr gegen deine langen Lösse, aber wenn du mal dem Malchus Karlchen en Ohr abhauen tätes, da könnte de Pappa ösig werden".

Neysgier

Mesters Threschen sat värm Finster un kuckere un kuckere. Giegenüever bey Küsters woarn se amme Öütruimen. Et geng rin un röüt met diän Handwiärkers. Do kam de Mester in de Küeke, soh et Threschen do sitten un frogere: „Wat sitteste do amme Finster te kucken? Weste kenn Iäten koaken? Et is balle Middag".
Threschen saggte mens: „Ick mat oppassen, wat bey Küsters läß is. Do sind se all en ganzen Moaren tegange. Waiß döü, wat do is?"
„Böü sall ick dat wieten? Kümmert mick nit", gaffte de Mester trügge „mak loiber met em Iäten väran".
„Off se wall nigge Möbel kriett", sinnaire et Thres widder. „Goh doch mol iäben rüever un frog, wat by ne läß wöar".
„Bis wall nit ganz geschoit", schante de Mester. „Ick goh gewiß dohiene un froge". „Wann de nit fröges", saggte Threschen dickköppeg, „mar ick hey sitten bleyven un oppassen. Un dann kannt met em Iäten spät weren".

De Transformator

Dat was domols, ase de Amtmann Krass nä in der Schmallmereg resedaire. In Latrop tagere de Gemoinderot. Dat Doarp soll elektrisch Lecht häven. Se harren alles bestens regelt, de einzelnen Opgaben verdoilt, un de Monteur sollen beym Stracke wuehnen. Met de Finanzierung kam me äuk terechte, aver ein Punkt stong nä oapen: Bo soll me met diäm Transformator hiene?
Do harr nä kenner drüever nodacht.
Alle schwiegen eis mol in der Runde. Schließlech stong de alle Schauhmiäker op un saggte: „Alles häve nöü hingernain kriegen. Dann sallt an düsem Punkte doch nit scheitern, un ick möchte met guerrem Beyspiell värangohn. Derümme siege ick: De eisten twai Wiäken well ick diän Transformator wall in Kost niähmen".

Diätplan

Kalorien un Diät,
dovan hörste fräuoh bit spät.
Alle Krankheit käm vam Iäten,
of Magen, Liäber, Galle, Hiärten.
Well de Menske äller weren,
mat hoi sick gesund ernähren.
De Doktor saggte: „Mens kenn Fett",
un gaffte mey'n Diätplan met.

Ick härr teviell Cholesterine!
Iäten söll ick mens Magrine
un äk dai dröft' ick mens krassen.
Met em Fett wör nit te spaßen,
dat gäffte Gicht in allen Knoaken.
Ick hävet nämlech all im Schoaken.
Likör un Weyn möcht ick vergiäten,
Pralinen dröft ick gar nit iäten,
van Würsten üverhaupt nit kuiern,
mick äk an Käse nit mehr stuiern.

Höggestens nä Magerquark!
Äk guerre Milek wör te stark.
Joghourt, Kaiermilk un sä
mächte mey dat Liäben fräh.
Kaffe - nai! Un jä kenn' Kauken!

(Do möchte me doch haimlek flauken)
Düen moaren saggt' de Dokter mey:
„Biste inlatt, roh ick dey,
dick an Torten nit te stuiern." -
Jo, de Dokter hätt guett kuiern.
Nöü häng dey mol et Möül an'n Haken,
wann dai wunderschoinsten Saken
wert op alle Diske bracht.
Dann, Diätplan, guerre Nacht! -
Moaren fangek't Fasten an.
Erinnert mik gint Johr mol dran!

Dai rosa Fisk

Et was in de Teydt, ase Oetker met seynem eisten Puddingpulver oppen Market kam.
Schmitzes Fernand soh eines Dages bey Stübben in Schmallemereg - se verkofften Liäbensmiddel - ne schoinen rosarären Fisk oppem Diske stohn. (Pudding, öüt ner Fiskform ümmestülpet!)
„Oh, wat härr ey ne schoinen Fisk do stohn. Wat is dat fär ne Suerte?" frogere Fernand neysgiereg.
„Diän kann deyne Frugge äk maken", saggte de Stübbeske, „bröükes mens hey dat Päcksken met Himbeergeschmack te käoupen". - „Sa? Dann footens her dermet", saggte Fernand un toag met em Puddingspulver no Latrop, haime tau.
No ner Wiäke kam hoi wier bey Stübben verbey, un de Stübbe frogere: „Na, böü was de Budding?"
Fernand: „Nit schlecht, nit schlecht, aver ne Fisk iset bey us nit woaren."

Fleiskvermehrunge

Dat kloine Schweyn oppem Hove woar schlachtet. As et kaputtschnieen woar un de Burenfrugge dai viellen Daile soh, saggte se: „Nee, nee, me soll moinen, dat Dier härr sick nä beym Kapputtschnieen macht."

Versalten

Schulten Anton halere sick en echt Stücke friske Fleiskwurst bey Mäkeln in der Mätzgerey. „Isse äk nit versalten?" frogere en Fritz, dai hinter der Theike stong.
„Wann se dey te salten is", gnaisere de Fritz, „dann goh hingerher no Frissenmüllers un drink dey ne Schnaps un en paar Baier."
En paat Dage später saggte de Frissemüllers Waiert für Mäckeln Fritz: „Döü maß nä ne Schnaps un 2 Baier betahlen."
„Wat, ick häve bey dey nix pumpet!"
„Döü nit, aver Schulten Anton hätt saggt, ick söll op dick anschreyven loten. De Wurst wöar versalten wiäst."

Värsicht

Rüssen Anna un et Maria harren Pilze socht, en ganz Büngel vull. Se fröggern iärg all op et Middag-Iäten. Se harren se feyn met Buetter, Salt un Zeypeln trechte macht un saten nöü met em Karl beym Diske. Un et schmachte ne wahn. Op einmol kuckere et Anna op: „Brümme ietes döü dann nix", forggere iät en Karl, „ick moine, döü möchtes geerne Pilze."
„Jo, dat wall", saggte de Karl, „aver ick woll eismol oppassen, off enner van ug ümmekippere".

Pilzvergiftung

De lange Grobbel wankere terhaimen in de Küeke, wo de Frugge am Herde stong.
„Oh, Heer, Frugge", mey is et ganz miserabel schlecht. Ick gloive, ick häve ne Pilzvergiftunge.".
De Frugge kuckere iähren Hännes scharp van der Seyt an, toag de Nase kröüs un saggte: „Dai Pilzvergiftunge kenn ick allmählich. Stinkes jo all 3 Meilen gieger en Wind no Veltins Pils".

Goldschmidts harren en nigge Miäken innen Höüshalt kriegen. Eines Middages gafftet Meeraik (Merrettich) taum Iäten. Et Miäken kannte nix dovan un harr sick einige Liepels dovan opfullt. As et diän eisten Liepel vull rinner harr, schnapperet no Luft, verdräggere de Äougen un röüp: „Oh Heer, gruißet mey nämol Vatter un Mutter, ick gloive, ick goh däout."

PILS

Drillinge

Bey Kewes woren Drillinge ankummen. De Hiebamme was ganz opgeregt un roip diäm ällesten Blage tau: „Läup mol fix nom Vatter oppem Felle. Hoi möchte footens haimekummen. Döü weiß jo, dät de Mutter Drillinge kriegen hätt."
De Junge, oppem Lande ankummen, roip em Vatter tau: „Vatter, döü maß footens haimekummen. De Mutter is amme Blagen kreygen. Ein Faat is all vull!"

Ümmer met der Rugge

De Rähen Paul was nom Woarmesken Fäste (Walburga) wiäst. Se harren wahne pichelt, un hoi kam met Brauer Alex steerenhagelvull haime. As se viärm Höüse ankamen, satten se iärg eismol op de Trappe. Do kam de Noberske ganz opgereget angelöoupen un roip: „Paul, Paul, bey ug is ne kloinen Jungen ankummen, derweylen döü in Woarmeke woars."
„Is nit schliem, Lina", saggte de Paul, „ick denke, de Frugge wert wall terhaimen seyn."

Narkose

De Frau Sasse van Fleckmereg laggte in Allenhungemen imme Krankenhöüse. Se harr et drüdde Miäken kriegen. Sassen Fritz sat bey iähr am Wiäkenberre un saggte: „Ick häve em Stammdiske nä kennen öütgafft op et Kloine. Dat mar ick nöü doch wall maken." - „Nee, nee", saggte de Frugge, „lot mens. Dat hätt nä Teydt. Wann ick wier terhaimen sin, kannste meynetwiägen 8 Dage gohn un em Stammdiske wat öütgieven."
As de Fritz dat am Ovend seynen Fröngen vertallte un se vertroisten woll, moinere Schröders Klaus: „Dät hätt deyne Frugge aver sieker in der Narkose vertallt."

Do stemmet wat nit

Bey Mertens was ne kloinen Jungen ankummen. Antönneken, sin Broierken, bekuckere sick diän Kloinen alle Dage. Ase acht Dage rümme woren, saggte färn Vatter: „Pappa, et Fränzken kriett nä löüter kenne Tiäne. Ick gloive, met diäm hätt se us anschmiärt. Dat is bestimmt ne Allen."

Fritzken im Bauk★

„Mutter” roip Fritz Niegenklauk,
„mak mey'n Laken trechte!
Ick well met Felinges in't Bauk,
no Latrop, op de Höchte.
Et sind all viell am Biärge ropp
met Decken, Leddern gohen.
Bey Deckers Hölten oppem Kopp
sölln äk viell Bauken stohen.
Un giev mey bläout ne gröouten Sack!
Ick wait de besten Bauken.
Un kumm ick haime, huckepack,
dann back mey Pannekauken.”
Am Ovend kam Fritz Niegenklauk
met Sack un gräoutem Laken,
twai kloine Hängekes vull Bauk,
im Rock ne Winkelhaken.
Doipe Schrammen op der Höüt
van diän aisken Bauken,
Hiemeken ter Büxe röüt:
„Mutter, nöü back Pannekauken!”

★ Bucheckern

Fritzkens Tomatenkäup

Et Fritzken stong im Laden drin,
hai was nä'n wenneg kloin
un kuckre no der Taike hin,
no'n Appeln, räut un schoin.
Vär op de Taiven havt hai sik
un saggt taum Ladenheern:
„Van diän Äppelkes räut un dick,
härr ik färn Grosken geern."
Un Fritzken kraig twai Appeln feyn,
schleik sacht taur Dör heröüt.
Im Huisken vam St. Volenteyn
do packre hai dann öüt.
Besoh nämol dai schöine Dracht
un lachre fär sik hin,
bait in de fuierräue Pracht
dann vull Plasaier rinn.
Köüm harr diän aisten Biet hai dohn,
do lachre hai nit mehr
un schmait diän Appel, wat hai konn,
diän twedden hingerher.
Un stong do, greynensmot de Sinn,
vertoag dät kloine Möül:
„Näü is de schoine Grosken hin,
un de Appel dai sind föül ..."

Ase Fritzken middages öüt der Schaule kam, saggte de Vatter fär ne: „Denk dey, Fritzken, wat truereg: Säiäben is Nobers Karlchen stoarven." - „Och, Vatter", saggte Fritzken, „dat is gar nit sä schliem. Hoi hätt Glücke hat, denn Äoustern wöre säwiesä sitten blieven."

Fritzken innen Schwoartmer★

„Mutter, unger Steckers Oiken
kann me Bansen Schwoartmer soiken!
Fix, diän Warterömmer her,
äk en Schinkenbuetter schmiär!"
Un nöü genget im Galopp
üver't Land am Biärge ropp.
Oaben ungern Oiken spoar
Fritzken, dat hoi schmachtreg woar.
Hiengesatt in Gras un Kröüt,
packre hoi de Büetters öüt,
Beine in de Luft gestrecket!
Jä, sän Schinkenbuetter schmecket!
Sä, nöü aver loss, gesocht
un diän Rüggen flott geboggt!
Kuck, de Boam is all bedecket!
Dunner, äk de Schwoartmer schmecket!
Un meyn Fritzken gar nit föül,
stoppre in dat kloine Möül,
wat mens rin te stoppen was.
Schwoartmer - soiken machte Spaß!
Dicke vullgestoppet, schmait
Fritzken questend sick in't Haid. --
Schwoartmer soiken? -- Gleyk, jau, jau ...
Fritzken fälln de Äougen tau.
Un sä fang diän kloinen Schlöper
Klaukenbackes alle Schöper,
doi diän fleyt'gen Jungen sachte
seyner Mömme haimebrachte.

★ Waldbeeren

GESUNDHOIT

Amtmann Röper laggte grippekrank imme Berre. Seyn Suhn was Dokter un kam footens met der Medezeyn an. „Niähm ick doch nit", saggte de Vaar. „Doch, dai maßte niähmen, Vadder, döü saß soihn, in en paar Dage biste wier oppen Beinen." Non paar Dagen kuckere de Dokter wier no diäm Kranken. Aver de Amtmann was all wier oppe un munter.
„Na suihste, Vatter, wat de Medezeyn hulpen hätt", saggte de Suehn. „Jo, jo", gnaisere de Amtmann, „do hingen staiht se nä feyn verpacket amme Finster."

„Meyne Frugge hätt 365 Krankhoiten imme Johr", saggte Schulten Hännes, „jeden Dag wat anders. Seyd 30 Johren iset all amme däoutgohn, aver ick gloive, daß ick eger int Gras beyte as iät".
Eines Dages was et Maria wier unweys amme klagen: „Nai, ick sin doch en geploget Menske. Wat häve ick alles hinger mey: Ne Gallenoperatiän, en Blinddarm röüt, ne Giälsucht, ne ..."
„Jo, jo", ungerbrak de Hännes, „ick wait. Aver ick siege dey, woi dat alle üverstohn hätt, mat ne Bärengesundhoit häven."

Kaiserschniett

Nobers Jupp helpet allmol bey Mäckeln in der Metzgerey. Kame düese Dage ganz ferreg haime un stöhnere: „Mann, düt was aver ne haiten Dag met en Voihdiers. Vey mochten twai Kaiserschnie maken."

Läouhnert sick nä?

De alle Kämper was schlecht drane. De Frugge harr en Dokter bestallt. Doi sat nöü amme Berre un gaffte met ernsthaftegem Gesichte Anweysungen. Do kuckere ne de Kämper an un frogere: „Wat moinste, läouhnert sick nä?" - „Wat kannste dumm frogen, gewiß läouhnert sick nä", saggte de Dokter. „Nai, döü maß et mey ehrlek siegen", fäng de Kämper wier an. „Läouhnert sick würklech nä?" - „Hör dat dumme Frogen op. Böü kümmeste eigentlech dotau?" - „Jä, waißte", saggte de Kämper, „ick häve mey nämlech bey Schenks Bernhard värege Wiäke ne niggen Haut bestallt. Diän möcht ick süß opbestellen."

Paragraph 218

Ne Wiäke später kam de Jupp opgereget ter Dör rin: „Ick mat footens nom Dierarzt." - „Brümme dat dann", frogere de Frugge. „Döü weiß doch, vey hätt dat Jungdierken op der Woide. Drofte nä kenn Osse bey, un nöü is dai Kewes Osse üvern Töün macht, un do iset doch passaiert. Nöü well ick nom Dr. Hohmann un ne frogen, of me nit Paragraph 218, Schwangerschaftsungerbriäkunge anwengen könn."

Alles kloar

De Dr. Müller harr em Fritze saggt: „Alsä, wann de deyn Magengeschwür würklech öütheilen weß, dann maßte vär allen Dingen et Schmoiken drangieven, am dicken Waiert verbeygohn, überhaupt kennen Alkohol mehr drinken …"
Do ungerbrak de Fritz: „Bröükes mey nix mehr te vertellen! Ick höre all, meyne Frugge hätt anraupen."

USE KINGER - ANDERMANNS BLAGEN -

In der Schmallmereg harr einer van diän städt. Arbeitern - Salomon met Namen - fär Ornunge an der Müllkippe te soargen. Eines Dages kam Franzes Lenchen öüt der Schaule un vertallte: „Du Mamma, wir haben heute was vom weisen Salomon gelesen und daß er so klug war und so schön Harfe spielen konnte. Mamma, is das der Salomon von der Müllkippe?"

Sundag middag. Vaar un Suehn woren taum Schwemmen im Hallenbad werst, no der Misse.
„Berndchen, brümme hiäste in der Misse nit kummezaiert? Ick häve dick nit an der Kummiäunbank soihn", frogere de Mömme. Berndchen drückere verliägen rümme. Schließlich roipe: „Ach, weißte, Mamma, de Lehr in der Schaule siet löüter, vey söllen nit met vullem Magen int Water gohn."

Mäckeln Fritz soll taum eisten Mole ter Bichte gohn. De Blagen konnen iärg en Bichtvaar öütsöüken.
Mäckeln Mutter frogere en Fritz, bey wiähme hoi bichten wöll. Mäckeln harrn ne Metzgerey, un Fritzken saggte: „Ich beichte beim Vikar, Mamma, der kauft ja auch es Fleisch bei uns."

Et kloine Mariechen was nä nit stoabenroine. Ase iähme mol wier sän kloin Malheur passaiert woar, witzkert fix de Treppe ropp no der Oma. „Oma, ick häbbe de Büxe wier vull macht. Kannste mey fix wat anders antoihn? Aver bläut nix fär de Mamma siegen, süß kreyg ick wier Schänge." Ase de Oma öüt der Näout hulpen harr, kuckere et Mariechen se truihiärteg un saggte: „Et is doch ne Schande, Oma, dät döü nit mehr nigge bis."

Bey us was schlechtet Wiär

Bey uns was schlechtet Wiär!
Dat kam vom kloinen Päuleken.

Hoi packere seyn Stäuhleken
un schleik sick öüt der Diär.
Im Garen bey diän Biärn,
do staig dat kloine Päuleken
geschwinde op seyn Stäuhleken.
Hoi plückere sä geern.
Dät nä nix reype was
wat kümmere dat Päuleken
ob seynem kloinen Stäuhleken.
Hoi schmait als innet Gras.
Do kam de Vaar herbey
un packere dat Päuleken
metsamt diäm kloinen Stäuhleken:
Bürsken, ick helpe dey!
Un't kraig wat hingen viär
vam Vaar dat kloine Päuleken.
Nöü sat hoi oppem Stäuhleken,
un vey harrn schlechtet Wiär.

Zirkus

In der Staadt woren de Zirkuszelte opschlohn. Dai Blanken kloine Bernd kam ter Diär rin geläpen und roip: „Oma, Oma, de Zirkus is da! Laß uns heute nachmittag dahin gehen!" - „Oh Heer, Junge", saggte Blanken Oma, dai alle Hänge vull te daune harr, „vey hätt hey jeden Dag Zirkus, do bröüke vey eis nit woanders hin gohn." - „Nee, nee, Oma", roip dai Kloine dotüsker, „dies is aber ne ganz andern Zirkus als wir ne haben!"

Schmurren

Et Änneken kam greynend int Höüs geläpen. Et was stöatet un harr ne wahnen Schmurren (Hautabschürfungen) op der Backe.
Tante Maria - imme Höüse woren droi ledege Tanten, kam footens herbey: „Oh, Heer, Kind, wat hiäste macht? Do maste aver met nom Dokter!"
As et Änneken aver nix vam Dokter wieten woll, saggte Tante Maria: „Änneken, wann de nit nom Dokter gaihst, behälleste deyn Liäven lang sä ne Schmurre op der Backe un dann kriste schließlech kennen Mann mehr met."
Änneken kuckere op: „Is dat woahr, Tante? Härr Ey dann alle droi äk sä Schmurren op der Backe hat?"

Näouten

Mäckeln wolln mol wier probaiern
un woren flott beym Musezeiern.
Et klappere säweyt ganz nette,
bit op enne Klarinette.
Fränzken ungerbrak dat Spiell:
Döü blöses ennen Täoun te viell!
Nämol gespiellt un ganz van vär. -
De Keerl blois als wier hingerher.
„Wat sall dat", roip do Fränzken boise,
„hey gierret kenn Privatgebloise!" -
„Ick spiell, wat innen Näouten staiht",
wor de Musiker do frait.
„Kerl, ick sieg, döü spiells verkahrt,
ick häve doch de Näouten lahrt!" -
„Dat häv ick äk, drümm sieg ick dey,
dai Näoute staiht nöü mol sä hey!" -
Fränzken graip no diäm Papier.
Seyne Äougen woren stier:
„Jä, is säwat dann te gloiven!
Mann, döü weß mick sieker oiwen!
Suihste dat dann selver nit:
Döü spiells ne dicken Floigenschiett!"

MÄCKELN FRÄNZKEN

In Schmallmereg harren se ne prächtegen Gemoindebullen. En Johr, Tierschaufäst, kraig hoi sägar en 1. Preys, un de Buren woren ganz stolt drop. Ovends, et was all duister, kloperet bey Mäckeln an de Diär. Böüten stong Tillmanns Albert: „Fränzken, stoh op! Vey sollt en prämaierten Gemoindebullen amme Bahnhoave met Musik in Empfang niähmen. Ick häve de Musekanten all beynaintrummelt." Fränzken machte sick brummend ferreg, un dann tüegen se nom Bahnhoave ropp, annen 12 Uhrszug. Oppem Bahnsteige wachtere all ne ganze Schwitte. „Wat soll vey dann spiellen", frogere ne Musikanten, „vey hätt doch kenne Nöüten met." - „Is nit schliem", saggte Fränzken, „vey spiellt, wat vey öütwenneg konnt: Wir winden Dir den Jungfernkranz ..."

In Schmallmereg was ne junge Frugge in de Avetheike intoagen. Se söll wahn musekalsch seyn, woar vertallt un wöll em Musikveroin beytriän. Mäckeln Fränzken, de Diregente saggte mens: „Ick kenne dat Menske nit - hätt sick bey mey nä nit värstellt." Amme nächsten Sundage stong Fränzken met ennem seyner Musekers vär der Kiärke, as de nigge Avetheikerske verbeygeng. „Döü, Fränzken", saggte de Musekante, „dat was de Avetheikerske, dai sä musekalesch is." - „Wat", roip Fränzken, „Dät sall musekalesch seyn? Hätt mick jo nit mol gruißet!"

Fränzken sat bey Köahlers in der Waiertsstoabe. „Karl", roip hoi diäm Waiert tau, „breng mey mol en Pund van diäm Schweizer Käse!" De Waiert brachte, un Fränzken loitet sick schmecken. Ase't ant Bezahlen geng, roip Fränzken ganz opgebracht: „Wat? Säviell Geld niemste fär sän kitzken Käse?" - „Na, et woar doch en ganz Pund!" - „Wat kuierste do vamme ganzen Pund? Do woaren doch mindestens fär en halv Pund Löaker drane!"

Mäckeln Fränzken sat an der Post un kuckere in de Teydunge. Kam de Stübbe ter Dör rin: „Na, wat gierret Nigges in der Welt, Fränzken?" - „Och, ter Teydt hätt se löüter wat van der Strote van Gibraltar imme Blaat. Wat sall dat eigentlech? Wat is dann nöü läs met düeser Stroote van Gibraltar?" - „Sall plostert weeren, Fränzken", saggte de Stübbe.

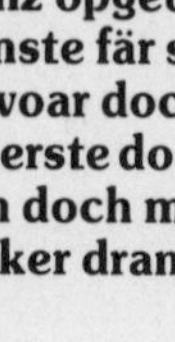

Sprüeke un Schinken

Küsters Anton harr viell fär guett läten un Drinken üvreg. De Mömme mochte en Schinken löüter wahren, süß was hoi fix futt. Eines Dages woar wier en ganz Dail dervan verschwungen, un de Küsterske dachte: „Nöü niehmeste en Schinken vam Räukbüen (Rauchboden) un hänges ne in de duistre Kellertrappe. Do wert ne de Anton wall nit fingen." Na, et geng dann äk ne Weyle guett, bit eines Dages, as de Küsterske en Schinken ropp halere. Do häng ne Zierl amme Schinken, un de Anton harr drop schrieven: „Er sah ihn und ging vorrüber!" „Düese Luffit", dachte de Mömme, „nöü hätt hoi ne doch wier fungen. Wat nöü?" No einegem Überliegen packere se diän Schinken un dragte ne nom Hahnebalken, bo se ne amme Finsterken ophäng. Am andern Dage - Anton was allaine terhaimen - schnappere hoy sick de Katte un geng imme ganzen Höüse rümme. De Katte harr en Schinken in der Kellertreppe roaken, dann woar se ne wall äk woanders opspören. Un richtig! Et klappere! Amme Sundage woll de Küsterske mol wier en Stücke Schinken halen, do bammelere mens en trureg Rästken värm Hahnebalkenfinster. Aver op me gräten Ziel, dai drane häng, konn de Mömme liäsen: „... und die Vögel des Himmels kamen und fraßen ihn."

De falske Bichteheer

De Paul, dai geng met froamen Sinn
mol Sundags wier ter Kiärken hien.
Doch as hoi kam - böü was dann dat?
De Bänke woarn all vull besatt.
Un Paul, dai dachte: „Dunnerwiär,
bo kriste nöü sä'n Plätzken her?"
Hoi kuckre hien un her, de Paul,
do soh hoi dann diän Bichtestauhl.
„Wat sall dat Dingen lieg do stohn?
Ick well mick eis mol sitten gohn."
Sä dachte Paul in seynem Sinn
un kräp dann innen Bichtstauhl rin.
Op waikem Polster restre sick:
„Düt es de rechte Platz fär mick!" -
Vull Aandacht kuckre vär sick hien.
Hoi harr nix Boises imme Sinn. -
Op mol soh hoi verwünnert op:
do was vär'm Gidder doch ne Kopp!
Dai Kopp met gräuten Ohren dran
hor Henderkes, diäm Muiermann.
Diäm was düt Plätzken grade recht,
denn lange Stohn verdroag hoi schlecht.
„Gelobt sei Jesus Christus", hor
op enmol Henderkes ganz klor.
„Ümme Goarreswillen!" Hoi was platt.
„Ja, is de Bichtestauhl dann besatt?"
Et wor me örntlech hait un kalt,
op't Bichten harr hoi sick nit stallt.
Met ganz verboistertem Gesichte
woll hoi dann stoatern seyne Bichte.
Do drang ne Stemme an seyn Ohr:
„Mein Sohn, bring heut' nur's Gröbste vor!"
Nöü fäng dai Sünder an te miärken:
düt was kenn Bichtheer van der Kiärken! -
Wat schmunzelt Henderkes un Paul
nä manchmol üvern Bichtestauhl.

Modern seyn is alles

Dat schliemste Urdeil, meyne Damen un Heern,
is dündag fär vielle: „Döü bis nit modern!"
Denn modern seyn is alles, is mehr ase „Knigge".
Woi nä nit modern is, blaiv geisteg terügge.
Döü gaihst nä ter Kiärken un gloives an Goatt
un hälles dick nä an dat alle Geboat?
Döü hörs op de Ellern un häs nä Moral?
Hälles Pille un Gruppensex nä fär fatal?
Bis nit fär Kommune un fär LSD?
Schmoikes kenn Haschisch un sülket Gedeh?
Häs de Hoare nä örntlech, sägar richteg kämmet?
Tüß dick akrot an, dat alles feyn stemmet?
Bis nit fär Roisen in weyer Welt
un wanders terhaimen dör Biärge un Feld?
Drückes am Fernsoihn et Knoipken gar öüt,
wann si iärg weltert met nakeger Höüt?
Un kennes nit mol diän niggesten „Hit"?
Dat kann doch nit woahr seyn! Dat girret doch nit!
Döü häs nä Gewieten un kuiers van Ehr
un bis nit fär antiautoritär?
Döü mäkes nit alles un jedes met,
äk wenn et gar kennen Sinn mehr hät?
Dann iset weyt kummen! Ick sieget nit geern:
Doch met dey iset öüte, denn döü bis nit modern!

Gewietensfroge

Schmies Katte harr Junge kriegen, vaier Stück. De Nobersblagen wören ganz geck dermet. „Mamma, vey wellt sän kloin Kättchen häven. Konn vey us eint bey Schmies halen?" - „Meynetwiägen", saggte de Mömme, „brenget mey aver mens kenn Mutterdier an, süß häv ick gint Johr de Last met diän Jungen."
De Blagen loipen glücklech no Schmies rüever. De Höüsfrugge was alleine in der Küeke, as de Blagen rinkamen: „Vey

konnt us en kloin Kättken halen, hätt de Mamma saggt. Et söll aver kenn Mutterdier seyn, süß härr se gint Johr de Last met en Jungen." - „Jä", saggte de Schmieske, „dat is aver säwat. Ick kenne mick do üeverhaupt nit öüt, un use Mannsluie sind oppem Felle. Dann mor ey nämol wierkummen. - Ödder, nai, wachtet mol, use Tante dai kennet sick, gloivek, domet öüt. Ick well se mol iäben raupen." Na, de Tante kam dann äk de Trappe rin un saggte: „Dann well vey mol kucken, dar ey ugge Kättken kriett". Op eimol dräggere se sick rümme, blaiv stohn un saggte: „Nai, et doit mey leie, aver et gaiht doch nit. Düen Dag is Sosdag. Ich häve iäven bichtet un well moaren kummezaiern. - Nai, dann kann ick nit kucken."

Kröüske

De Kröüske van Schmallmereg stong mol wier vär Gericht. De Amtsrichter van Fiävereg kannte ne guett. Dütmol harr Kröüske sick mol wier „wegen Diebstahl" te verantworten. „Mann", saggte de Richter bey der Verhandlunge, „fangen Sie mal endlich an, sich zu bessern. Sie sind ja schon 22 mal vorbestraft." - „Un do sind dai Röbbers Hauhner nä nit derbey", gnaisere Kröüske.

Sparsamkoit

Hingerschulten Heinrich harr hierotet und mochte - weyl't sä Sitte woar - de Verwandten un Nobers taum Kaffe lahn. „Aver Ovendiäten kriett se nit", saggte Heinrich, denn hoi häll de Groskens wahn beynain. Ase am Ovend aver kenner vannen Gästen opstohn woll, ümme haime te gohn, saggte Heinrich koarterhand: „Alle anständegen Luie gatt met en Hauhnern te Berre, un et ‚Elektresche' is all wier ne Pänning duirer woren. Am besten garre jetz haime."

Schulten Kathreyn was löüter hingerm Anton, et härr nix mehr aantetoihn, et möchte unbedingt mol wier en nigge Kleid häven. „Kuck dey düese allen Flurren mol an", saggtet un häll em Anton en paar Kleier vär't Gesichte. „Aver Kathreyn", fäng de Anton an, „wat weste dann all wier met me niggen Kleie? Un üverhaupt - döü met deyner Figur! Döü kanns doch antoihn, wat de west ..." - „Oh", ungerbrak et Kathreyn, „düt is ja ganz wat Nigges, dat döü mey mol en Kumplemänte mäkes!" - „Wat hätt hey Kumplemänte?" saggte Anton, „ick woll mens siegen, döü kanns doch antoihn, wat de west, et kucket doch kenner mehr."

Taur
Sieger-Ehrunge beym Wettbewerb op Kroisebene

„Unser Dorf soll schöner werden"
in Holthausen 1976

Spoigel, Spoigel an der Wand,
woi is de Schoinste imme Land?
Jä, van düesem gräoutem Ringen
könn mannecher en Loieken singen,
denn im schoinen Suerland
woar ne Döarperschlacht entbrannt.
Et galt, dat feynste Doarp te ehren,
do woll doch jeder Sieger weren.
Sä gafftet dann en gräout Spektakel,
Disketaiern un Gekakel
in Kommites un in Vereinen,
Doarp für Doarp was oppen Beinen.

Et woar schüppet, hacket, kloppet,
alle Löaker endlech stoppet,
öütgeflicket jede Muier,
wittelt imme Hoaf de Schuier,
Tuine, Trappen, Gidders, Poten
woaren rüstert, samt diän Stroten,
Nigge Farven an diän Wängen
un viell Blosen innen Hängen!
Futt met Schiet un allen Kisten,
öütgeruimet gar de Misten!
Un dann mochten Blaumen her,
imme Garen, vär der Diär!
Fast op allen Blaumenbänken
soh me Fuchsien, Granien blänken.
Spielplätze gafftet fär de Blagen.
Un nigge, schoine Groinanlagen
soh me balle ferreg stohn.
Jo, et woar verflixt wat dohn!
Sägar de Däouen härren söchtet:
„Sä hätt de Kiärkhoaf niemols löchtet!"
Nix was met Fierovendteydt!
Doch endlech was et dann säweyt.
Van der Staadt un äk vam Kroise
machten iärg dai Heerns ob Roise
tau diäm aisten Doarpbegang.
Na, dat gaffte ne Empfang
üverall, bohien se kamen!
Me woll sick doch ne guerren Namen
bey diän häougen Heerens maken
un et aiste Plätzken raken.

Alsä: Ran met Strategie
un echter Doarp-Diplomatie!
Dai Heerens woarn met Autos foihert
un üverall dohiene stoiert,
bo alles feyn terechte woar.
An Mistenstien, dat is kloar,
un bo me nä nit ferreg was,
do gaffte me dann örntlech Gas,
domet dai Herrens dat nit sohn.
Meist aver roaken se diän Brohn.
Doch wollen se mol hey un do
de Schützenzelte soihen no,
un was do manches nä kaputt,
dann woar de Schlüetel einfach futt.
Me mat sick mens te helpen wieten,
süß wert me üverall beschieten. -
Jä, et was en wahn Gedeh
met diäm Prüfungskommite!
Froam woarn se jo, dat mat me siegen.
In de Kiärken sind se stiegen
am Dage wall en Dutzend mol.
Se biären fär't Gemoindewohl! -
In Waierpe kam me temoten!
Do laggt' nä Kauhschiet oppen Stroten
un Chrisbäume van värges Joahr.
Diän Heerens was dann balle kloar;
Hey wußt' me nix vam Kommite.
Äk in der Frigget sän Gedeh!
Se woaren nä ganz wahn tegange
un nit ferreg taum Empfange.

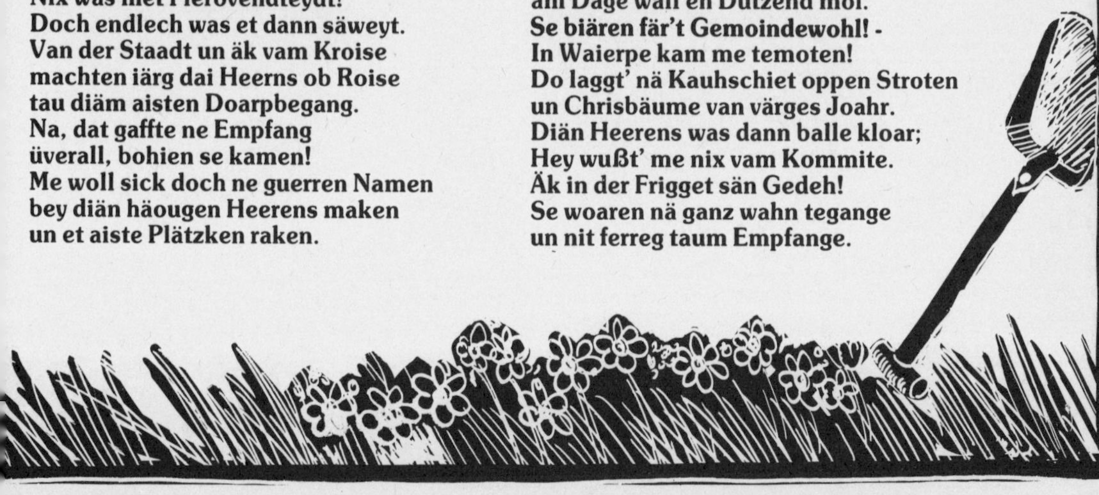

Dai Biärken, dai se fix harrn schlohn,
woarn grad eis in de Eere dohn.
Un dann passaiere ne Panne!
De Scholl, (Stadtdirektor von Schmallmereg)
dai saggte: „Diese Tanne,
schon recht welk an allen Ecken,
mußten Sie was tiefer stecken!"
Jä, sä Saken gierret iäben.
Dofär gafftet rieget Liäben
oppem Spiellplatze, tipp-topp.
Et woaren viätteg Blagen drop.
Me harr se fix dohien jaggt
un domet guerren Indruck macht.
As me trügge kam, hernoh,
woaren mens nä droie do.
Jä, et geng all unweys tau.
De Blaumenkästen woarn ter Schau
imme Doarpe fix verschoaben,
bo grad de Heerens rümmetoagen,
mol no oaben, mol nu ungen.
De Blaumenpracht was stets gelungen.
Un all dat bey ner Bullenhitze.
De Kommites woarn würklech Spitze!
Wat dai alles öüthalln mochten!
Un wat dai Döarper all versochten,
dat se in de Öütwahl kamen!
Latrop machtet met en Damen.
Se mochten prängesk oppen Bänken
ase Feriengäste wenken.
Sägar de schoine Füösterin
woar insatt für diän Doarpgewinn.
In Holthusen, do was me fix
met Kaffe, Schnaps un Milekmix.
Dör dat Döarpken, blank un schoin,
loit me ne greysen Isel toihn.
Wat dat met diäm Isel woar,
is mey düen Dag nä nit kloar.
Soll dai Leiter van diän allen
oppem Isel Inzug hallen?
Ödder soll dat Dierken feyn
für irgendwat symbolesk seyn?
De Belke-Groabe, dai is schlau,
hoi lachet einfach mens dertau.
Na, egal, böü't nöü äk is,
eint is jedenfalls gewiß:
Ob met, ob ohne Iselsohren,
Holthusen is Sieger woaren!
Sieger in der twedden Gruppe,
alles andre is ne schnuppe. -
Äk in der Frigget härret klappet.
Se hätt met Recht ne Preys inschrappet.
Doch jeder harr sin Beste gafft,
manchmol üver seyne Kraft.
Van mey - dat mar ick ehrlek siegen -
här jedet Doarp ne „güllene" kriegen.

Chrisdages-Rummel

Nöü gaihert wier läß, dat Gehaste un Jagen:
Wat move wier käoupen fär de Ellern, de Blagen,
fär'n Mann un de Frugge, Oihmen un Tante,
Brauer un Süster un loive Bekannte? -
Alljöhrlek datselve, dat nämleke Spiell.
Nai, frögger, do woren't nit halv mol sö viell.
Me kümmet wohrhafteg nit mehr te Verstande
un is met en Nerven te Chrisdag am Rande.
Am besten gaffe mol öätwärts taum läten. -
Häv vey äk würklech kennen vergiäten?
Meyn Goatt, wat dat kostet, et is nit te siegen.
Wat sind seyt terjohren de Preyse anstiegen!
Do kann doch kenn Menske mehr gieger aan.
Se maket äk alles löüter te wahn.
Me kümmet doch öüt'em „Soll“ nit mehr röüt.
Egal! Woi schlütt sick all geerne öüt?
Chrisdag is Chrisdag, woi lätt sick do lumpen,
un mat me et Geld äk irgendbo pumpen.
Vey hätt us fär gint Johr all üeverlaggt:
Do wert ne gräoute Roise macht!
Wann't klappet, fier vey dann, hurra!
Chrisdag op Canaria!

Fernsoihn an der Summer-Schlienbahn

„Et Fernsoihn kümmet giegen 3
taur Summerbahn hey an de Hoih.
Et sall ne gräute Sake gieven!“
Sä harrn se in der Teydung schrieven.
Dat Filmteam käm vam Biggesee. -
Et ganze Skilift-Komitee,
Stegmanns Bernhard an der Spitze,
woan all dagelang in Hitze,
un manchem brummere de Kopp.
Se arbern alle im Galopp.
De Anlagen dai sollen blenken,
de Interviews woarn to bedenken.
(Woi blamaiert sich all geeren?)
Et soll doch ne Reklame weeren
fär de Summer-Schlienbahn.
Kind und Kegel kamen an.
De Fruggens harn iärg klöckeln loten.
Teert woarn gistern nä de Stroten,
sägar plostert - met Verbund.
Ick sieg ug, et geng wahne rund!
Alles stong do, kameraproot,
schoine Miäkens imme Stoot.
De Fahnen wäggern van der Rampe.
Äk de Waiert was im Dampe,
denn me kraig van aller Furgel
un Opregung ne droige Gurgel.
St. Peiter häll en Riänen an,
doch süß woart kalt. Se früren wahn
de Gäste, Ellern samt diän Blagen
beym Wachten op diän Fernsoih-Wagen.
De Schlien foihern rin un ropp
ümmezüß, met Blagen drop.
Met woll doch met diän ganzen Saken
diän allerbesten Indruck maken.
Un sä stong me in der Runde
lurend, wachtend, Stund' op Stunde,
vär Külle bievernd (ödder Wöüt),
denn et Fernsoihn, dat bleiv öüt!
Fleckmereg, in der Noberskopp,

satten se terjoahr all drop.
Me söll würklech balle gloiven,
se wöllen us hey oaben oiben.
De Duivel sall dat Fernsoihn halen!
Manche wellt nit mehr betalen.
De einzege Träust, un dat was schoin:
Me konn vam Skilift ferne-soihn
un bröükere nit op de Tasten
te drücken amme Flimmerkasten.
Hey was de Sendung niemols schlecht,
in Täöun un Farbe löüter echt.
Biärg un Dal sä weyt, sä schoin!
Gatt dorop! Ey sollert soihn!

Schlieme Krankhoit

De Handierk, ne allen Junggesellen, was nöü doch nä taun Hieroten kummen. Et Klärchen, äk all bey Johren, harret met me woget. Se harren ne nette, kloine Hochteydt macht, um am andern Dage saggte de Nober färn Handierk: „Na, Handierk, dat is doch ne feyne Sake, wann me nit mehr sä allaine in't Berre kröüpen mat!"
„Häv ick nix van märket", nueselere de Handierk.
„Wat", roip de Nober, „döü weß mey doch nit vertellen, dat döü in der Hochteydtsnacht allaine schlopen häs!"
„Jä, gewiß häv ick dat", saggte Hindierk. „Moinste, ick härr mik anstiäken wollt?"
Diäm Nober blaiv et Möül oapen stohn: „Wat sieste do, Handierk? Anstiäken? Ümme Guarreswillen, wat häret Klärchen dann fär ne Krankhoit?"
„Fär ne Krankkoit? Et hätt doch en Schnöüben!" (Schnupfen)

Pärre un Fruggens

Op Schmitten Hoaf was gröout Beschwer:
de alle Göül, hoi woll nit mehr!
Me konn de schoinste Haver brengen,
de Schimmel loit de Schläwen hängen
un gaffte dann äk balle drop
de guerre Pärresaile op.
Un gierret bo ne Pärre-hiemmel,
dann is hoi drin, de truie Schimmel. -

De Burrenfrugge, waik van Hiärten,
konn diän Schimmel nit vergiäten.
Se grain un grain: „Dat truie Dier!
Nie krit vey sä ne Schimmel wier!"
Se woll nit läten mehr un drinken,
nit Wurst, nit Käse, Milk un Schinken.
Un geng vär Jomer un Beschwer
dann schließlich hingerm Schimmel her . . .

Nöä kam de Bur in gräoute Näout:
Pärd un äk Frugge - boide däout! -
Do sprangen de Nobers all gerbey
un roipen foot: „Vey helpet dey!
Döü kanns doch nit allain do stohn.
Et Liäben dat mat widdergohn!
Un jeder roit taum Schlusse dann:
Döü maß dick balle wier bestahn! - -

De aiste Nober, dai harr foot
seyn Süster fär diän Wietmann proot:
„Et gaiht wall op de fiftieg tau,
is recht verständeg, un ne Kauh,
dai kirret eytro nä van mey.
Schmitte, üwerlieg et dey!" -

Do kam de twedde Nobersmann
un draggte me de Dochter an:
„Schmitte, hör mol, im Vertruggen,
op meyne Dochter kannste buggen!
Et is nit grade schoin, meyn Groite,
doch ne Engel van Gemoite,
un't kümmet nit met lieger Hand.
En Stücke Biärg, en Stücke Land . . .
Döü maß dick jo doch wier bestahn!" -

Dann kam de drüdde Nober an:
„Döü waißt, ick well dick g'wiß nit krän
doch sößte an't Bestahen denken,
sä well ick dey all düen Dag siegen:
Vey härren würklech nix dergiegen,
wann use Lenchen . . . et is gau! . . .
Alsä· Vey säggten footens „jau"!
Et is nä jung, doch met en Johren
is äk dai Jüngeste äller woren.
Deyn Schaden sall et äk nit seyn.
Et kritt en Rind met un en Schweyn." - -

Diäm Bur, diäm schwoimlere de Kopp
van säviell truier Noberskopp.
„Me söllt nit gloiven", roip hoi dann,
„wat me sä all erliäven kann!
As mey de Schimmel ingohn is,
do saggte kenner: „Kumm, däü kriss
van mey säfoot ne niggen Göül!"
Dai Sake scheynt mey doch recht föül.
Ick gloive fast, dat ug en Pärd
mehr as ne nigge Frugge wert!"

Pinkest-Gäste

Dai Backes harren de Landwirtschaft drangafft un machten nöü in „Fremden-Pension / Zimmer mit Frühstück."
De Backeske, et Anna, was ganz Fuier un Flamme fär't Geschäft, denn se was all löüter wahne tanger op de Groskens wiäst.
Na, dai Betrieb loip dann äk ganz guett, aver Pinkesten kam 2 Dage värher ne Afsage. Dai Luie konnen wiägen Krankhoit nit kummen. Oh, Heer! Nöü geng dat Lamento beym Anna läs: „Düt is doch allerhand! Nöü behall ick de Stoabe lieg, un et Geld blit öüte! Eigentlech möchte me Schadenersatz verlangen."
„Aver Frugge", saggte Backes Anton, „kanns doch kenn Schadenersatz verlangen. Woi kann fär Krankheit?"
„Jo, döü bis fix ferreg domet. Dey gaiht jo et Geld nit af. Kümmers dick ümme nix. De ganze Soarge häve ick löüter."
Un sä geng dat in ennem wiäg.
„Oh Heer", dachte Anton, „düt kann en nette Pinkesten gieven. Mäkes dick eismol futt. „Ick häve nä imme Garen te daune", saggte hoi un geng nom Brückenwaiert.
Ase hoi amme Obend wier haime kam, woll et Anna grade op't nigge anfangen te lamentaiern. Do saggte Anton: „Bröükes dick nit mehr opregen. Et Zimmer is belaggt. Wat niemeste fär de Übernachtunge met Froihstücke"" - „12 Mark un 50 Pänninge. Aver boher häste dann Gäste kriegen?" - „Vam Brückenwaiert", saggte de Anton. „Dat is jo wunderbar! Ick make foot alles ferrig!" Un wiäg was et Anna. Am anderen Dage lure et Anna ganz nervös op de Gäste. „Doi konnt doch nit sä spät ankummen. Woi wait, wat döü do wier macht häs", woret amme resenaiern. „Dai sollt wall kummen", saggte Anton blät.
Acht Uhr, nom Ovendiäten, as et Anna wier anfangen woll, stong de Anton op, laggte 25 Mark oppen Disk un saggte: „Zweimal Zimmer mit Frühstück!"
„Wat sall dat dann beduien?", roip et Anna.
„Jä, ick bin deyn Feriengast", saggte Anton. „Moinste, ick wöll dai ganzen Dage deyn Lamento hören, därret Zimmer nit besatt is? 25 Mark is mey meyne Rugge wert".

Außerdem ein reichhaltiges Programm an farbigen Gedicht- und Geschichtsbänden, Rezept- und Naturbüchern:

Hedwig Jungblut-Bergenthal
Reype Ähren
Geschichten und Erzählungen in plattdeutscher Sprache
mit Zeichnungen von H.-G. Bergenthal

Alfred Vorderwülbecke
Von den Attendorner Kattenfillers zu den Züschener Holteböcken
Geschichten über die Spottnamen einiger Orte des Sauerlandes

H. Neuhaus
Wer überall nur Trauer fand, der war noch nie im Sauerland
Kleine Geschichten mit Zeichnungen von H.-G. Bergenthal

Friedrich Albert Groeteken
Sagen des Sauerlandes
Farbig bebilderte Erzählungen

Rezepte – Vom Essen und Trinken im Sauerland
Mit Rezepten die Josephine Boese 1859 aufschrieb

Christine Koch und Josefa Berens-Totenohl
Biellerbauk viär gräute un klaine Kinger
Zwei profilierte Sauerlanddichterinnen in einem Werk

Dr. Alfred Bruns
Die gute alte Zeit
Geschichten aus dem Sauerland um die Jahrhundertwende

Aribert Jung
Mineralien Südwestfalens und angrenzender Gebiete
Über 140 farbige Abbildungen und 7 detaillierte Lagepläne

Aribert Jung
Die Pflanzenwelt im Sauerland und Siegerland
Ein mit 220 farbigen Abbildungen und Zeichnungen bestücktes
Bestimmungsbuch der heimischen Blütenpflanzen

An farbigen Bildbänden erschienen im Grobbel-Verlag:

Das Sauerland
Bildband mit 245 farbigen Abbildungen auf 108 Seiten;
in deutsch/engl./holl.

Das Sauerland
Zweisprachiger Bildband mit 84 farbigen Abbildungen auf 80 Seiten

---

Der Sorpesee
71 farbige Abbildungen und eine Panoramakarte auf 48 Seiten
mit zweisprachigen Texten

Schmallenberg und seine Ortsteile
Ein Bildband mit 116 farbigen Abbildungen auf 72 Seiten,
der das schöne Schmallenberger Sauerland beschreibt

Ferienland Waldeck
Bildband mit 127 farbigen Abbildungen, 6 Merian-Stichen und
einer Übersichtskarte mit dreisprachigen Erklärungen

Rund um den Biggesee
Ein zweisprachiger Bildband mit über 70 farbigen Abbildungen und
einer Übersichtskarte auf 36 Seiten

Berg- und Waldland Wittgenstein
Dreisprachiger Bildband mit fast 100 farbigen Abbildungen auf 48 Seiten

---

Märkisches Sauerland
54 farbige Bilder, Panoramakarte, auf 48 Seiten,
mit 2 sprachigen Erklärungen

In der Grobbel-Serie „Sauerländische Heimat“ erschienen bisher:

Ferdinand Wagener - Magdalena Padberg

Kloster Brunnen

Geschichte, Gegenwart und Zukunft des beliebten Pilger- und Wanderzieles im Naturpark Homert

---

Friedrich Wilhelm Grimme

Das Sauerland und seine Bewohner

Erstes und umfassendes literarisches Werk über diese Region vom bekanntesten Dichter des Sauerlandes

---

Friedrich Wilhelm Grimme

Memoiren eines Dorfjungen

Ein sauerländischer Dorfjunge erzählt aus seiner Kindheit und Jugend

---

Friedrich Wilhelm Grimme

Plattduitks in Ehren

Vertällekes un Dönekes vam'me Strunzerdäler

Joseph Pape

Ins Herz getroffen

Drei Erzählungen des sauerländischen Lyrikers

Magdalena Padberg

„Als wir preußisch wurden . . .“

Das Sauerland im 19. Jahrhundert

Wilhelm Kathol - Magdalena Padberg

Bassmes Hof

Jugenderinnerungen an das sauerländische Dorfleben im 19. Jahrhundert